어느 하루도
그대를 사랑하지 않을 수 없는 날이 없었다

어느 하루도 그대를 사랑하지 않을 수 없는 날이 없었다

초판 1쇄 발행 2025년 6월 3일

지은이 한승완
펴낸이 장길수
펴낸곳 지식과감성#
출판등록 제2012-000081호

교정 주경민
디자인 오정은
편집 오정은
검수 정은솔, 정윤솔
마케팅 김윤길

주소 서울시 금천구 벚꽃로298 대륭포스트타워6차 1212호
전화 070-4651-3730~4
팩스 070-4325-7006
이메일 ksbookup@naver.com
홈페이지 www.knsbookup.com

ISBN 979-11-392-2628-7(03810)
값 16,800원

• 이 책의 판권은 지은이에게 있습니다.
• 이 책 내용의 전부 또는 일부를 재사용하려면 반드시 지은이의 서면 동의를 받아야 합니다.
• 잘못된 책은 구입하신 곳에서 바꾸어 드립니다.

• 이 사업은 대전광역시, (재)대전문화재단에서 사업비 일부를 지원받았습니다.

지식과감성#
홈페이지 바로가기

어느 하루도
그대를 사랑하지 않을 수 없는 날이 없었다

한승원 지음

그댈 위해 기도했으니
오늘 내 할 일은 다 끝났습니다

자연경#

목차

1부
그대는 그렇게 오셨습니다   7
사랑일기 1일~40일

2부
나는 겨울에 살고 그대는 봄에 사는 것만 같습니다   51
사랑일기 41일~90일

3부
그대 최선을 다하지 마요 지금도 예뻐요   107
사랑일기 91일~130일

4부
그댈 위해 기도했으니 오늘 내 할 일은 다 끝났습니다   153
사랑일기 131일~180일

추운 겨울날
제 마음에 하얀 눈이 되어
한 사람이 내려왔습니다
보드랍고 예뻤습니다
사랑은 그렇게 왔습니다
그대는 그렇게 오셨습니다
아침에 일어나 창문을 열었는데
하얀 눈이 온 세상을 뒤덮고 있는 것처럼
제 의지와는 상관없이…

그날부터 일기를 썼습니다
어느 하루도
그대를 사랑하지 않을 수 없는 날이 없었기 때문이었습니다

1부

그대는 그렇게 오셨습니다

사랑일기 1일째

2024년 2월 3일

내가 그대를 좋아하는 것을
그대가 짐작조차 하지 못하는 것이
나를 애태우게도 하지만
버려지는 아픔과 거절하는
그대의 차가운 눈빛을 보지 않아도 되기에
다행이라는 생각이 들기도 합니다

그대를 생각하다 보니
오늘 하루도 어느새 사라져 갑니다
그대를 생각하는 것이
매일 주어지는 싫지 않은 숙제입니다

사랑도 지겨울 때가 있다지요?
하지만 그대를 생각하는 내 마음은
잠시 소홀하다가도 결국 그대를 생각하는 일을
조금도 게을리하지 못합니다
사장이 없어도 열심히 일하는 알바생처럼

살아오면서
이토록 한결같은 마음이 있었나 생각해 보게 됩니다
나는 허락하지도 않았는데
그대는 내 마음으로 이사를 와 버렸습니다
월세도 내지 않으시는 그대 밉지도 않습니다

사랑일기 2일째

2024년 2월 4일

오늘은 봄이 시작된다는 입춘입니다
생각해 보니 봄은 가을을 만날 수 없고
겨울은 여름을 만날 수 없습니다
많은 세월이 흘러가도 그럴 것만 같습니다

혼자 하는 사랑이지만
그대를 사랑해도 될까요?
그대에게 물어볼 용기가 부족해
붉은 포도주가 담겨 있는
와인잔에게 물었더니
와인잔이 취했는지 대답을 안 해 줍니다
너무 어려워서 취한 척하는 걸까요?
밤하늘을 보며 하나님께 기도하는데도
별님만 반짝일 뿐
아무 대답이 없으십니다

* 겨울이 가기 아쉬웠는지 눈비를 내리던 날
  그대를 한 번이라도 더 보고 싶어 나도 아쉬웠다

사랑일기 3일째

2024년 2월 5일

겨울이란 계절도 해마다 그 길이가 다르고
어쩌다 3월에는
예고되지 않은 폭설이 내리기도 하며
먼 나라에서는 전쟁이 일어나고
또 어떤 날에는 전염병이 온 세상을 감염시켜도
봄은 한 번도 꽃을 피우지 않은 적이 없었습니다
어떠한 어려움과 고난 속에서도
꽃이 피지 않은 봄은 단 한 번도 없었습니다

혼자 하는 사랑이라고
진실하지 않은 것은 아닙니다
나는 누구보다
그대를 좋아하니까요

앞으로도 변함없이
봄은 꽃을 피울 것이고
봄이 더 이상 꽃을 피우지 않기로 결심하면
내 사랑도 접어 보는 것을 기도해 보겠습니다

사랑일기 4일째

2024년 2월 6일

나에게 하나님이 주신 가장 큰 축복은
그대가 있는 이 세상에 태어나게 하신 일이고

하나님이 내게 주신 가장 큰 시련은
그대를 혼자 좋아하는 일입니다

그럼에도 하나님께 감사드렸습니다
오늘도 공짜로 그대를 볼 수 있었음에

사랑일기 5일째

2024년 2월 7일

그대가 감기에 걸려 힘겨워하던 날
나는 불안해서 아무것도 할 수가 없었습니다
기침 소리를 들을 때마다
심장이 잠깐씩 멈췄습니다
아무렇지 않은 척해야 해서
아무것도 해 줄 수가 없어서

그대가 아팠던 날
혼자 하는 사랑은 비참하고 초라했으며
나는 그대보다 더 많이 아팠습니다

* 사람은 나약한 존재였습니다
  아픔은 나눌 수가 없었거든요
  감기 하나도 그대에게서 빼앗아 올 수 없었으니까요
  이런 내가 그대를 좋아하고 있습니다
  그대 마음을 빼앗고 싶어서

사랑일기 6일째

2024년 2월 8일

난 그대에게 빠져들고
그댄 나에게 스며듭니다
나는 그대에게서 빠져나올 수가 없었고
그대는 나를 지배하기 시작했습니다
그래서 좋았습니다
너무 좋았습니다

사랑일기 7일째

2024년 2월 9일

힘들고 지친 하루였어요
지나온 삶에 대해 후회도 되었고요
아마 죽는 날까지 후회가 반복되는 삶이겠죠
지치고, 힘들고, 걱정하고, 후회가 가득한 순간들…

그런 세상에 다시 오겠냐고
행복한 순간은 짧고
힘든 순간은 끝나지 않을 것만 같은
이 힘든 세상에 다시 오겠냐고 묻는다면
한참을 고민할 거예요

그런데 그 힘든 세상에 그대가 있다면
다음 세상에서도
나 혼자서만 그대를 좋아해야 할 운명이라 해도
난 주저함 없이 다시 오겠다고 할 거예요
그대가 보고 싶은 것만큼
간절하고 참기 힘든 고통은 없으니까요

사랑일기 8일째

2024년 2월 10일

오늘은 음력 1월 1일 설날이었어요
그대는 맛있는 음식 많이 먹었겠죠
가족들과 즐거운 시간을 보내고 있을 거예요
그 시간들 속에 내가 떠오르는 시간은
단 1초도 없었겠죠
나는 온통 그대 생각뿐이었어요
하늘에 태양도 하나이고
밤하늘엔 달님도 하나인데
그대는
내 방에도 있고
차 안에도 있고
횡단보도를 건너고 있고
카페에서 커피를 마시고 있어요
내 눈이, 내 고개가, 내 모든 시선이
꼭 한 번씩 확인하게 돼요
정말 그대인지…

세상이 온통 그대인데도
나는 그대가 보고 싶어요
나의 눈이 가는 곳마다
그대가 있는데도
나는 그대가 너무 보고 싶어요

사랑일기 9일째

2024년 2월 11일

내 마음이 찢어지는 것처럼 아픈 것은
그대가 내 마음에서
자라고 있기 때문입니다

내 마음 한 모퉁이에서 살던 그대가
조금씩 자라더니
이제는 마음에 가득 차고 있습니다
마음이 터지기 일보 직전입니다

내 마음이
터져 죽어도 좋으니
제발 내 마음을
떠나지는 말아주세요

사랑일기 10일째

2024년 2월 12일

그대는 내 삶에 달력 같은 사람입니다
어느 하루도 그대가 안 계신 날이 없습니다

사랑일기 11일째

2024년 2월 13일

창문을 살짝 열었는데
멀리서 봄기운이 몰려오고 있습니다
그대가 마음을 살짝만 여시면
아주 가까운 곳에서
그대를 진심으로 좋아하는 사람이 있다는 걸
아실지도 모를 텐데요
그대는
내 '진심'보다는
소고기 '안심'이나 '등심'을
더 좋아할지도 모르겠습니다

사랑일기 12일째

2024년 2월 14일

월급날보다
그대를 보는 날이 더 기다려지는 걸 보니
내 직업은 그대를 사랑하는 일인가 봅니다
아침에 출근해서 밤에 잠들기까지
그대가 쉬지 않고 생각나는 직업병이 생겼습니다
내 마음은 잠도 안 자고
교대 근무를 합니다
주 52시간 근무는 벌써 초과하였습니다
돈은 안 주셔도 됩니다
죽을 것처럼 아프지만
산재처리는 바라지 않습니다
다음 세상에서는
혼자 하는 사랑이 아니라
그대가 사랑하는 사람으로
제 곁에 있어 주시면 안 될까요?

사랑일기 13일째

2024년 2월 15일

오늘 잠깐 눈이 내렸다고 하던데
바빠서 보지 못했어요
어제는 날씨가 완연한 봄이 온 것 같았는데
오늘은 겨울이 가기 싫어서인지
눈을 내렸나 보네요
오늘은 바빠서 점심도 못 먹었고
커피 한잔도 마시지 못했네요

그대 생각만 하기에도 너무 바빠서
하루가 어떻게 지나갔는지 모르겠어요
겨울이 가기 싫어 눈을 내리는 것처럼
나도 그대 생각을 잠시라도 내려놓는 일이 싫어서
하루가 너무 바쁘기만 하네요
그대를 좋아하는 일이 아니었다면
그대에게
오늘 눈이 내렸다고
커피 한잔 마시자고 했을 텐데요
저에게는 그대에게 말 한마디 건네는 일이
세상에서 제일 어려운 일이 되어 버렸습니다
제 목소리가 그대 앞에서 떨릴까 봐
제 마음이 그대 앞에서 흔들릴까 봐

사랑일기 14일째

2024년 2월 16일

사람들이 그래요
왜 좋아한다고 고백을 못 하냐고요
혹시 거절당할까 봐?
자존심 상할까 봐?
고백할 용기가 없어서?
내가 고백하지 못하는 이유는 그런 게 아니에요
고백하고 나서 거절당하면
다시는 그대를 못 볼 거 같아서요
그대의 사랑을 받지 못한다고 해도 괜찮지만
그대를 못 보는 일은 너무 괴로운 일이 될 거예요
그래서 전 혼자서만 사랑해요
혼자 사랑하면 헤어질 일은 없잖아요

사랑일기 15일째

2024년 2월 17일

사람들이 바닷가에 가면
모래사장에 왜 하트를 그리는지 아세요
파도가 쳐서 모래사장을 쓸고 나가면
정성 들여 그려놓은
하트가 사라지는데도 말이에요
사람들은 알고 있거든요
사랑은 영원하지 않다는 것을

모래사장에 그려놓은 하트가 사라지듯
사랑하는 마음도 사라질 테니까요
오늘 몸도 마음도 힘들었는데
힘드니까 그대가 더 생각나는 거예요
생각하는 것만으로도 나를 미소 짓게 만드는 사람
내 짝사랑도 영원하진 못할 거예요
내가 죽는 날 다음 날까진 그대를 사랑할게요
오늘 밤도 잘자요 그대
꿈속에서 만나요

사랑일기 16일째

2024년 2월 18일

주말에 그대는 뭐 하고 보냈을까요
나처럼 외롭지 않았으면 좋았을 텐데요
그대는
재밌는 일이 많아서
맛있는 걸 먹어서
친한 사람들을 만나서
많이 웃었으면 좋았을 텐데요
세상은 내 편이 아니더라고요
이 세상에 믿을 수 있는 내 편이 없다는 걸
갑자기 쏟아지는 비를
우산 없이 온몸으로 맞으며 깨달았어요
그대는 걱정하지 말아요
내가 그대 편이 되어 줄 테니까요
그대가 벚꽃이 개나리라고 우겨도
나는 그게 옳다고 할 거니까요

* 이 세상에 그대 편이 한 명도 남아 있지 않다면
  그때는 내가 세상에 아마 없는 걸지도…

사랑일기 17일째

2024년 2월 19일

그대 사는 게 힘들겠다
예뻐서

사랑일기 18일째

2024년 2월 20일

비가 내릴 때면
한 방울 빗방울이 되고 싶었습니다
그대 머리카락 맨 끝자락에라도 닿을 수 있도록

눈이 내릴 때면
한 송이 눈송이가 되고 싶었습니다
그대 환하게 웃는 얼굴 그 따스함에
잠시도 버티지 못하고 녹아 없어지더라도
그대 얼굴 한번 만져 볼 수 있도록

오늘은
그대의 사랑이 되고 싶었습니다
그대가 먼저 전화해
'뭐 해?'라고 물어보는
곧 없어질 꿈이어도 좋으니 말입니다

사랑일기 19일째

2024년 2월 21일

하루가 지나갑니다
하루가 지나간다는 것은
내가 그대를 사랑할 날이
내 삶에서 하루 줄었다는 것입니다
그 사실이 몹시 아쉽기만 합니다
더 사랑해야 하는데…

사랑일기 20일째

2024년 2월 22일

제 꿈은
그대의 을이 되어
매일 아침
그대 침대로 토스트와 커피를 배달해 드리고
세수도 시켜드리고
그대가 심심할 때면 전화해서
재밌는 이야기를 들려드리고
그대가 먹고 싶다고 하면
하늘의 별을 따다가
빵을 만들어 바치고
저녁이면 온종일 힘들었을
그대의 발을 마사지해 드리고
잠드시기 전에는 자장가를 불러드리고 싶습니다
잠든 그대를 보고 또 보며
행복을 기도해 드리고 싶습니다
월급은 안 주셔도 되나
종신계약을 해주셔야 합니다
영원한 저의 갑인 그대로 인해
제 삶은 날마다 행복일 테니까요
갑질을 하셔도 절대 신고하지 않겠습니다

사랑일기 21일째

2024년 2월 23일

심장이 빠르게 뛰어서 죽을 것 같았어요
우산을 쓴 채로 걷고 있는
그대 뒷모습을 보는데

이렇게 간절히
그대만 바라보고 있는데
그대는 내 마음을
어찌 모르실 수 있단 말인가요
그대를 혼자 좋아하는 슬픈 사연이
하늘에 닿았는지
하늘도 매일 울고 있는데요

* 계속 며칠째 비가 내리고 있다
  겨울비일까? 봄비일까? 아님 눈물인가?

사랑일기 22일째

2024년 2월 24일

그대는 즐거운 주말을 보냈나요?
나는 태어나서 처음으로
아웃백을 가서 스테이크를 먹고
극장에 가서 파묘를 보고
밤에는 보름달 보며 소원을 빌려고 했는데
비가 와서 보름달이 보이지 않네요
그대가 나를 사랑하게 해 달라는 소원을
달님도 들어줄 수가 없다는 걸 알고
하늘은 비를 내리고
달님은 숨어 버렸나 봐요
온 우주가
내가 그대를 사랑하는 일이
안 되는 일이라며 반대하고 있네요
그런데 아나요?
반대하는 일에는 오기가 생겨난다는 걸
나의 짝사랑은 일 년 중에 달이 가장 커지는
정월 대보름달처럼 커지고 있어요
스테이크는 생각보다 맛이 별로였고
영화는 재미가 하나도 없었어요
온통 머릿속에 그대 생각뿐이었거든요

사랑일기 23일째

2024년 2월 25일

오늘은 하루 종일 힘들었어요
계획하던 일이 잘 안됐거든요
사람 관계에선 오해가 생겼고요
실망스러운 일들이 찾아왔고
몸은 아팠고
짜증스러운 일들로 신경은 예민해요
자꾸 한숨만 나오고
알 수 없는 걱정으로 불안하기만 하네요
일기를 쓰면서
그대 얼굴을 떠올리는데
왜 웃고 계신 거예요
순간 힘들었던 모든 일들이
눈 녹듯 사르르 녹아버리네요
그대만 생각하면 행복해지는
나는 이 세상 최고의 행운아인거 같아요
어떻게 내가 그대를
좋아하지 않을 수가 있겠어요

* 크리스마스가 10달 남은 날…

사랑일기 24일째
　　　　　　　　　　　　　　　　　2024년 2월 26일

그대는 사람이 아닌 거 같다
사람이 이렇게 예쁠 수가 있을까?

사랑일기 25일째

2024년 2월 27일

그댈 좋아하지 않는 방법을 찾아냈다

세상에는 그 방법이
존재할 수 없다는 것을

사랑일기 26일째

2024년 2월 28일

그대랑 있으면
크리스마스 같아요
세상에서 가장 예쁜 사람과
함께 있게 되는 것이니
이보다 큰 영광이 어디 있겠어요
하늘에는 영광
땅에는 그대의 예쁨

사랑일기 27일째

2024년 2월 29일

오늘은 4년에 한 번씩만 있는
2월 29일이에요
2월 29일에 태어난 사람은
생일이 4년에 한 번씩 돌아온대요

나는 매일이 생일 같아요

그대가 있기에
매일이 선물 같은 날들이니까요

그대가 내 선물이니까요

사랑일기 28일째

2024년 3월 1일

3월의 첫날이네요
곧 개나리와 벚꽃도 피겠죠?
그대보다 예쁜 것은 세상에 없기에
저에게는 큰 의미가 없는 일이지만요
오늘
제 마음은 화상을 입은 것처럼 아팠어요
그대를 혼자 사랑하는 일이
가끔은 너무 힘들고 애타는 일이죠
그래도 하늘에 감사했어요
내 마음이 이토록 아프다는 것은
그대를 진심으로 좋아하고 있다는 증거니까요
가끔 내 마음도 신뢰할 수 없을 때가 있잖아요
보고 싶어요 그대
봄인데 벚꽃보다 그대가 더 보고 싶어요

사랑일기 29일째

2024년 3월 2일

그대는 토요일인데 뭐 하며 지냈을까요?
산책을 했을까요?
카페에서 커피를 마셨을까요?
맛집을 다니며 행복해했을까요?

저는요
카톡 프로필에 올라온
그대 사진 보며 좋아서 웃고만 있었어요
하나님 창조물 중에 가장 예쁜 작품
돈으로 살 수 있다면
심장이라도 팔고 싶어요

사랑일기 30일째

2024년 3월 3일

꽃도 피면 지기 마련인데
그대는 어떻게 변함없이 예쁘기만 한 걸까요?
그대는 숨 쉬는 것도 예쁘고
침 삼키는 모습도 예쁘고
물이 식도로 넘어가는 순간도 예쁘고
심장이 뛰는 모습도 예쁘기만 하네요
오늘 하루 내 생각 한 번도 하지 않았을
그 마음도 그저 예쁘기만 하네요
몹시 추웠던 겨울도 떠나갈 채비를 하는데
그대는 변함없이 예쁘기만 하네요

사랑일기 31일째

2024년 3월 4일

죽는 날까지 그대의 배경으로 살고 싶습니다
나는 안개꽃, 그대는 붉은 장미꽃
나는 어두운 밤하늘, 그대는 반짝이는 별
나는 액자, 그대는 멋진 그림
나는 지나가는 바람, 그대는 소리 내는 풍경
나는 벌레, 그대는 아름드리나무
나는 지나가는 사람 1, 그대는 주인공
나는 눈물, 그대는 바다
나는 삼각김밥, 그대는 편의점 주인
죽는 날까지 그대의 배경으로 살고 싶습니다
헤어지는 것보다는
그대와 함께하는 것이 덜 무서우니까요
그대를 빛나게 해 주는 배경으로 살고 싶습니다
그대는 제 앞에서 사라지지만 않으시면 됩니다
그것도 욕심일까요?

사랑일기 32일째

2024년 3월 5일

오늘은 비도 오고
마음도 답답해서
제 마음을 그대에게 고백하려 해요
그대 앞에 놓인 빈 술잔에
소주를 채우고 이야기를 시작했어요
좋아한다고 죽을 만큼 좋아한다고 장난이 아니라고
그대는 아무 말도 안 하시더라고요
고개라도 저어주시지
어이없다는 듯이 비웃기라도 하시지
화가 난다며 소주를 제 얼굴에 붓고
자리를 박차고 나가기라도 하시지
그대는 아무 말도 안 하시더라고요
사실 제 앞자리는 비어 있었거든요
그대에게 술 한잔하자고 할 용기도 없는
그게 바로 저예요

사랑일기 33일째

2024년 3월 6일

왜 그대를 좋아하는지
알고 싶지 않으세요?
그대니까요
다른 이유는 없어요

왜 하필 그대인지
궁금하지 않으세요?
그대니까요
그대만 생각하면 좋아요
나도 모르게 웃어요

그대를
세상에서 제일 많이 좋아해요
나보다 더 그대를 좋아해요

사랑일기 34일째

2024년 3월 7일

누군가를 사랑한다는 것은 미련한 일입니다
이루어질 수 없는 짝사랑은 더욱 미련한 일입니다
미련한 줄 알면서도
매일 하고 있습니다
보는 것만으로도 행복해서
미련 맞게 혼자 사랑하고 있습니다
이런 미련 곰탱이

사랑일기 35일째   2024년 3월 8일

그대가 이 세상에서 사라진다는 것이
하나님의 입장에서 보면
바다에서 물 한 바가지 퍼내는 것쯤의
사소한 일이겠으나

내 입장에서는
토요일과 일요일이
달력에서 사라져 버려
월요일부터 금요일까지만 무한 반복되는
직장 생활 같은 일일 것입니다

사랑일기 36일째

2024년 3월 9일

봄이 되니까
땅속에서
냉이가 솟아오르고
달래가 살아있음을 알리고
그대가 피어오른다

냉이는 맛있었고
달래는 상큼했으며
그대는 예뻤다

사랑일기 37일째

2024년 3월 10일

벚나무는 봄을 기다렸을까요?
살갗을 뚫고 나오는 새순이 주는 아픔과
꽃을 피우기 위해
있는 힘을 다 짜내야 하는 고통 속에서

자신의 모든 것을 내어주어 핀 꽃은
바람에 날려 어디론가 사라지고
새끼 잃은 어미의 심정으로
봄바람에 숨죽여 소리 내 울지도 못할 봄을
과연 기다렸을까요

벚나무의 숙명이기에
내년에도 똑같은 아픔을 겪겠지만
벚나무는 최선을 다해 꽃을 피울 거예요

나의 짝사랑도 피할 수 없는 숙명이기에
언젠가는 그대가 다른 누군가를 사랑해서
짝사랑조차 하지 못하는 그런 날이 오겠죠
그 사람과 행복하겠죠?
그럼 됐어요

사랑일기 38일째

2024년 3월 11일

올봄에는 벚꽃이
피지 않겠다고 합니다
올봄에는 개나리도
피지 못하겠다고 합니다
올봄에는 프리지아도
피지 않을 생각이라고 합니다
그대가 너무 예뻐서
그대가 너무 향기로워서
올봄에는 꽃들이 부끄러워
피지 못하겠다고 합니다

사랑일기 39일째

2024년 3월 12일

오늘은 그대를
조금만 사랑해 보기로 다짐해 봤습니다
밥 한 숟갈 덜어내듯이
커피 사이즈 한 단계 줄여보듯이
기름값 아끼려 버스 타듯이
점심 간단히 먹고 남은 시간 공원 산책하듯이
핸드폰 보는 시간 줄이고 하늘 한번 보듯이
그대를 조금만 사랑해 보기로 했습니다

다짐하고 노력해도 안 되는 일이 있습니다
나는 오늘 하루의 대부분을
카톡 프로필에 새로 올라온
그대 사진만 바라보고 있습니다
반칙이다
어떻게 이렇게 예쁠 수가 있는 거야

사랑일기 40일째

2024년 3월 13일

떠나요 둘이서
손 꼭 잡고 편의점으로…
제주도까지는 바라지도 않아요

나는 겨울에 눈송이 되어 땅에 떨어지고

그대는 봄에 벚꽃잎이 되어 떨어져

분명히 같은 곳에 떨어지는데도 만날 수가 없는

그대와 나는 슬픈 운명이었습니다

2부

나는 겨울에 살고
그대는 봄에 사는 것만 같습니다

사랑일기 41일째

2024년 3월 14일

숨을 쉴 때마다
그대가 내 가슴으로 밀려온다
호흡하는 순간마다
그대로 내 마음이 가득 부푼다
보이지 않지만
나를 살게 하는 그대에게
오늘 화이트데이에
입생로랑 립스틱을 사주고 싶었다
미치도록 간절하게

사랑일기 42일째

2024년 3월 15일

이제 더 이상 눈이 오지 않을 것 같습니다
봄이 왔으니까요
눈이 오지 않는 계절처럼
내 사랑이 멈춰 버릴 그날이 와도
겨울이 간절히 소원했지만 만나지 못한
어느 따스한 봄날의 만개한 벚꽃처럼
그대는 여전히 아름답게 웃고 있겠지요
그 얼굴에 벚꽃잎 되어 떨어지고 싶은
나의 간절한 소망은
아무리 기도해도 이루어질 수 없는
신의 침묵이 되었습니다

나는 겨울에 살고
그대는 봄에 사는 것만 같습니다

나는 겨울에 사는 눈송이고
그대는 봄에 사는 벚꽃잎이고
분명히 같은 곳에 떨어지는데도
우리는 영원히 만나지 못할 거 같습니다
4월에 눈이 내리지 않는다면요

사랑일기 43일째

2024년 3월 16일

내 안에 살고 있는 그대가 웃고 있네요
사무실 책상 위에 놓아둔 꽃병에서
프리지아가 피었거든요
그대가 내 안에 사는데도
나는 외롭기만 하네요
프리지아를 보며
그대는 웃고 있는데
내 마음은 죽을 것처럼 아픕니다
그대가 프리지아가 피었다며 신이 나
내 마음에서
폴짝폴짝 뛰고 있어서인가 봅니다

* 프리지아를 한 묶음 샀어요
  노란색 꽃을 좋아해서요
  봄이 참 좋아요
  노란색 꽃을 볼 수 있어서

사랑일기 44일째

2024년 3월 17일

난 그대에게 쉬운 사람이고 싶습니다
그대가 잠 안 와서 심심하면
밤늦은 시간에도 전화해서
'뭐 해?' 하며 물어볼 수 있는
새벽에도 잠 안 오면
부담 없이 놀아 달라고 말할 수 있는
내가 필요할 때면 아무 거리낌 없이 부를 수 있는
그대가 아프면 제일 먼저 찾을 수 있는
그대가 부르면 가고 오지 말라고 하면 말 잘 듣는
그런 쉬운 사람이고 싶습니다
언젠가 그대에게 너무 쉽게 버려진다고 해도
한 순간이라도 함께할 수 있다면
한 번이라도 사랑받을 수 있다면
난 그대에게 정말 쉬운 사람이고 싶습니다

사랑일기 45일째

2024년 3월 18일

하루 종일 그대 생각이 나는데도
그대가 그리운 것은
가지지 못한 아쉬움 때문일까요?

그대가 너무나 소중한 존재여서
내 하루쯤의 시간으로는
그대에 대한 그리움을 채울 수 없는
나의 부족함 때문인지 모르겠으나

그대를 보고 있어도
나는 그대가 보고 싶습니다

사랑일기 46일째

2024년 3월 19일

잊지 마세요
그대는 함부로 아프면 절대 안 돼요

꼭 기억하세요
그대는 내 허락받고 아파야 돼요

사랑일기 47일째   2024년 3월 20일

너는 어느 날
봄바람처럼
잠시 나를 흔들고 지나갔다

나는 사계절 내내 흔들렸다

한평생 내내 흔들렸다

사랑일기 48일째

2024년 3월 21일

편의점은
누굴 기다리기에
24시간 동안
불을 끄지 못할까요?

그댈 그리워하며
쉬지 못하고 애타는
내 마음을 보는 것만 같습니다

사랑일기 49일째

2024년 3월 22일

아무리 아름다운 꽃도
시간이 지나면 지기 마련인데
내 안에 사는 그대는
왜 집에 갈 생각을 안 하실까요
아, 꽃보다 예쁘니까…

그대는 10년 후에도
나이가 칠십이 되어도
지지 않는 예쁜 꽃이 되어
내 안에 피어 계실 것만 같습니다

사랑일기 50일째

2024년 3월 23일

점점 눈이 침침해지는 건
나이를 먹어서가 아닙니다
눈부시게 아름다운 그대를
내가 쉬지 못하고 바라보기 때문입니다
스마트폰 때문이 절대 아닙니다

사랑일기 51일째

2024년 3월 24일

그대가 웃고 있다
그대 시선이 머무는 곳에
그대를 웃게 하는 놈이 있다

그대가 놈의 손을 잡는다
꼭 잡고 놓아줄 생각을 안 한다
죽일 놈

그대가 놈에게서 시선을 떼지 못한다
내가 그대에게서 시선을 떼지 못하듯이
벌써 일 분에 열 번도 넘게 눈을 맞춘다

놈이 그대 얼굴에 닿는다
귀에다 대고 소곤거린다
장난치듯 쉬지 않고 웃으며

부럽다 그놈…

아이폰

사랑일기 52일째

2024년 3월 25일

혼자 사랑하는 일
처음에는 설레더니
시간이 지날수록 마음이 아프고
그다음에는 힘들었어요
죽을 만큼 힘들었어요

아무리 노력해도 안 되는 일이 있습니다
그대 뒷모습은 한참 동안 바라볼 수 있는데
그대 얼굴을 똑바로 바라보는 일이
나에게는 세상에서 가장 어려운 일 중에 하나입니다

그대가 걸어갈 때마다
긴 머리가 좌우로 움직일 때
왜 내 마음도 흔들리기만 하는지
그대는 뒷모습도 참 아름답습니다

사랑일기 53일째

2024년 3월 26일

오늘
간절히 기다리며 기대했던 일이
되지 않았어요

간절히 바라는 일은
이루어지기보다는
이루어지지 않는다는 것을 깨달았어요

그대를 보이지 않게 사랑하며
나를 사랑해 주길 바라는 간절한 기도도
하나님이 들어주시기 어렵겠다는 것도…

사랑일기 54일째

          2024년 3월 27일

우리 집 앞에 벚꽃이 피었어요
천변에 개나리도 피었고요
나를 위해 꽃들이 피었다고 생각하니
착각일지라도 기분이 좋았어요

그대도 그랬으면 좋겠어요
세상에 아름다운 것들이
그대를 위해 존재하고 있음을
그대를 주기 위해 신이 만들었음을
그중에 하나가
세상에서 그대를 제일 예쁘다고 믿으며
좋아하는 나임을
그래서 날마다 기분 좋아지기를
오늘 밤도 행복하기를

사랑일기 55일째

2024년 3월 28일

다음 생이 있어 다시 태어난다면
나는 그대가 되고
그대는 내가 되어 태어나길
이번 생에는 나의 짝사랑으로 끝나겠지만
다음 생에는 그대로 태어난 내가
짝사랑하는 그대 마음을 알아
이번 생에 못 해 준 사랑까지 다 해 드릴게요
하루 종일 봄비 오는 날에도 외롭지 않도록

* 하루 종일 봄비 오던 날

사랑일기 56일째

2024년 3월 29일

주변 사람들이
주말인데 벚꽃 보러 안 가냐고 묻는데
세상에서 제일 멋진 바라봄은
그대가 걸어가는 뒷모습을 보고 있을 때입니다

안타깝습니다
그대의 뒷모습을
그대가 볼 수 없음이
그 아름답고 감동적인 장면을

사랑일기 57일째

2024년 3월 30일

밤늦은 시간 편의점엘 갔어요
삼각김밥 두 개가 남았더라고요
먹고 싶은 삼각김밥이 있었는데
생소한 삼각김밥만 덩그러니 남아 있는 거예요
먹을까 말까 한참 고민하다가
어쩔 수 없이 아무도 사가지 않은
삼각김밥 두 개를 계산대 위에 올려놓았어요
돈이 있어도
먹고 싶은 걸 먹지 못할 수도 있겠구나
시간이 있어도
하고 싶은 걸 하지 못할 수도 있겠구나
좋아하지만
가질 수 없는 것도 있겠구나
좋아한다고 함께할 수 있는 것도 아니구나
삼각김밥 먹는데 목이 메었습니다
눈물이 흐른 건 비밀입니다

* 아는 분이 십자인대가 끊어져 병원에 입원했다
  병원 1층 편의점에서 오랜만에 삼각김밥을 먹으며…

사랑일기 58일째

2024년 3월 31일

세상의 모든 것이
한 사람으로 보일 때가 있다

* 봄이 와서 너무 좋았다
  너의 뒷모습이 더 잘 보여서

사랑일기 59일째

2024년 4월 1일

벚꽃이 나에게 말을 건넨다
왜 그렇게 바보같이
혼자 하는 사랑을 하냐고
왜 힘들게 마음 아픈 사랑을 하냐고

내가 답했다
헤어질 일이 없으니까
그 사람과는 헤어지고 싶지 않으니까

벚꽃에게 묻고 싶었다
어차피 질 건데 왜 힘들게
봄이 되면 피어나느냐고

* 만우절날
  거짓말처럼 너에게 말하고 싶었다
  "혹시 나 좋아해? 나는 너 좋아하는데!"

사랑일기 60일째

2024년 4월 2일

벚꽃도
그대를 사랑하나 보다
사랑하면 닮는다는데
어쩜 저렇게 예쁘게 필 수 있을까

사랑일기 61일째

2024년 4월 3일

벚꽃잎에 비가 나립니다
내가 살아갈 날이 하루 줄었습니다
나이를 먹을수록 이루려고 하기보단
포기하는 법을 배우게 됩니다
아무리 노력해도
안 되는 일이 있다는 것을 알게 되니까요

비가 오기 때문이 아닌 것 같습니다
오늘 하루, 저의 이 우울함은
포기해야 하는데
놓아버리지 못하는 것들의
처절한 저항이었습니다
하루가 지나갈 때마다
살아갈 날이 하루씩 줄어들고
저도 언젠가는 의지와 상관없이
그대를 놓아버려야 할 날이 오게 될 것입니다

그대를 사랑하지 않는 것을
포기하려고 합니다
봄이면 소담스레 꽃 피듯
매일 아침 눈을 뜨면
그대를 사랑하지 않는 것을
포기하고 또 포기해야겠습니다

사랑일기 62일째

2024년 4월 4일

아파하지 마세요 그대
세상에 단 하나뿐인 사람
그대는 소중한 사람이에요
나는 믿어요
분명 그대의 내일은
찬란한 행복이 기다리고 있을 거라는 걸요
그대가 흘리는 눈물은
기쁨의 눈물이어야만 해요
그대는 세상에 단 하나뿐이거든요
그대는 소중해요
그대를 대신할 수 있는 사람은 없으니까요

사랑일기 63일째

2024년 4월 5일

그대랑 함께 있을 때는
핸드폰을 무음으로 합니다

사랑일기 64일째

2024년 4월 6일

어젯밤에 잠이 잘 오지 않았어요
속이 안 좋아서 오늘 위내시경을 받기로 했거든요
운전을 해야 해서 수면내시경을 못 하고
일반내시경을 했어요
아마 세상에서 가장 피하고 싶은 일 중에 하나가
내시경을 받는 일일 거예요
침대에 눕고 주사를 맞고
목에 마취를 해 주는 약을 마시자
의사선생님이 오셨어요
입에 마우스피스를 물고
내시경이 입안으로 들어왔어요
눈을 감는데 그대가 보여요
그대가 내 손을 잡아 주네요
그대 이름을 마음속으로 계속 불렀어요
내시경이 끝날 때까지…
생각보다 내시경이 힘들지 않게 끝났어요
아마도 그대가 내 손을 잡아 주어서인가 봐요

의사선생님이 죽을병이 아니라고 하네요
상사병은 내시경에도 보이지 않나 봐요
내가 그대를 정말 사랑하나 봐요
어쩌죠 아픈 곳이 없다는데 죽을 거 같으니

사랑일기 65일째

2024년 4월 7일

벚꽃 구경하기 좋은 날
공원 벚꽃터널에는
사람이 정말 많았습니다

저에게는
벚꽃도 사람들도
모두 그대로 보였습니다

세상에는 많은 사람들과
단 한 사람의 여자
그대만이 살고 있습니다

사랑일기 66일째

2024년 4월 8일

봄 날씨가 좋으니까
사람들이 날씨가 미친 거 같대요

맛있는 거 먹어도
사람들이 음식이 미친 거 아니냐고 말해요

그대만 보면 좋아서 웃고 있어요
나도 그대한테 미친 거 같아요
큰일이다 약도 없는데…

사랑일기 67일째

2024년 4월 9일

매일마다
같은일만
반복되면
지겹겠죠

난 그렇지 않을 것 같은데
매일마다
그대 얼굴만 보면서 있고 싶은데

사랑일기 68일째

2024년 4월 10일

오늘 비가 와서
밤하늘에 별이
보이지 않는 줄 알았어요
그대를 보고 알았어요
밤하늘에 별들이
그대 눈 속에서
반짝이고 있다는 것을

* 오늘은 선거날
  그리고 봄비가 온종일 내린 날
  이제 벚꽃이 다 지겠다

사랑일기 69일째

2024년 4월 11일

누가 그랬지
4월은 잔인한 달이라고

아! 그때는 세상에
그대가 없었나 보구나
4월은 아름다운 달인데
바람이 불어 벚꽃잎이
그대 머리 위로 떨어지는데
영화의 한 장면처럼 아름다웠거든

눈을 꼭 감았는데도 보이는 거야
그 아름다움이

사랑일기 70일째

2024년 4월 12일

사랑하면 닮는대요
더 많이 사랑하는 사람이
자신도 모르게
사랑하는 사람을 닮아간대요

그대를 닮고 싶어요
이기적인 마음도 괜찮아요
그대가 좋아하는 것
나도 좋아하고 싶고

그대가 가고 싶어 하는 곳
나도 가고 싶어지도록요

그대 마음을 알고 싶어요
그대 모든 걸 알고 싶어요
아주 사소한 일부터
정말 중요한 일까지
그대를 닮고 싶어요

그대가 좋아하는 일을
아 이 사람이 운명이구나 생각할 정도로
해주고 싶어요

사랑일기 71일째

2024년 4월 13일

창밖을 내다보며
그대 생각을 할 때마다
벚꽃잎들이 한 잎씩 떨어집니다
아 큰일이다
이제 곧 벚꽃잎들이 남김없이 다 떨어지겠구나
그대 생각을 멈출 수가 없는데

* 벚꽃잎들이 눈송이처럼 떨어졌다
  어디로 가는 걸까?
  내 마음은 그대에게만 가는데…
  아플 걸 알면서도 너무 깊숙이 그대 마음속으로 들어간다
  아마 나오는 길을 잊게 되겠지
  그래서 좋다

사랑일기 72일째

2024년 4월 14일

경고합니다 그대
함부로 그러시면 안 됩니다
그대도 습관이 되어
아무 생각 없이 그러셨겠지만
정말 그러시면 안 됩니다
더 이상 그러시면 곤란합니다
주의해 주세요
예쁨을 참아주세요
귀여움을 말려주세요
애교를 멈춰주세요

사랑일기 73일째

2024년 4월 15일

하늘에선 하루 종일 비가 나립니다
나는 하루 종일 그대 생각을 했습니다
하루 종일 좋았습니다

사랑일기 74일째

2024년 4월 16일

그대에게 닿을 수만 있다면
그대에게 밟혀 죽어도 좋으니
그대의 그림자라도 되고 싶습니다

사랑일기 75일째

2024년 4월 17일

내가 그대를 얼마큼 사랑하는지
그대는 모릅니다

내 사랑은 해가 뜨면
숨어버리는 이슬처럼 애달픕니다
바람이 불면 흔들리는 잎새처럼 무력합니다
달이 뜨면 엄마 잃은 아이처럼 두렵습니다
사랑하는 이여
달빛에 비친 그대의 그림자가
누군가의 발에 밟히는 상상만 하여도
나는 심장이 내려앉습니다

내가 그대를 이토록 사랑하는지
그대가 알게 될까 봐 무섭습니다

사랑일기 76일째

2024년 4월 18일

아무 거리낌 없이
그대와 밥을 먹고
그대와 차를 마시고
그대와 대화를 하는 사람은
얼마나 좋을까요

그대에게 전화를 걸어
사소한 안부를 물을 수 있는
사람은 얼마나 좋을까요

그대에게 오늘밤
술 한잔하자고 할 수 있는
사람은 또 얼마나 좋을까요

그대에게 잔소리를 하며
혼낼 수 있는 부모님이
제일 부럽습니다

사랑일기 77일째

2024년 4월 19일

성심당에서 빵 하나 사기 위해서도
기본 30분은 줄을 서야 하는데
그대 마음을 얻기 위해서는
30년쯤은 기다릴 수 있어야겠죠
'0' 하나를 더 붙이고 싶었습니다

사랑일기 78일째

2024년 4월 20일

누가 오시길래

바람은 저토록 따스하게 불어오는가

누가 오시길래

꽃들은 예쁨을 뽐내며 향기를 뿜어대는가

누가 오시길래

하늘은 저토록 파랗기만 하단 말인가

혹시 그대가 오시는 길이실까

내가 보고 싶어

그대가 헐레벌떡 뛰어오시는 길이실까

사랑일기 79일째

2024년 4월 21일

이 세상에는
내가 그대를 사랑하는지
사랑의 크기가 얼마만큼인지
잴 수 있는 자가 없습니다

이 세상에는
내가 그대를 사랑하는지
사랑의 무게가 얼마만큼인지
달아볼 수 있는 저울이 없습니다

내 사랑은
지구보다 쪼끔 크고
지구보다 쪼끔 무겁기 때문입니다

그래서인지
그대에게 보이지가 않는 것 같습니다

사랑일기 80일째

2024년 4월 22일

일 년 정도는 기다릴 수 있습니다
그대가 내게 와 주기만 한다면

십 년 정도는 외로워도 괜찮습니다
그대와 함께할 수만 있다면

백 년 정도는 참아 보겠습니다
백 년이 지나서 그대가 이 세상에 없어도
나는 그대를 여전히 사랑하고 있을 테니까요

나는 그대가 없어도
그대를 사랑할 수 있을 것 같습니다

사랑일기 81일째

2024년 4월 23일

나는 그대에게
뷔페 같은 사람이 되어주고 싶어요
그대가 먹고 싶다면 뭐든 준비해 줄 수 있는
그대가 좋아하는 음식으로 가득 찬
뷔페 같은 사람

그대는 컵라면 같은 사람이 되어 주세요
뚜껑은 내가 열게요
물도 내가 끓이고요
붓는 것도 내가 할게요 뜨거우니까
그대는 딱 3분만 그냥 있어주기만 하세요
3분만 그대 얼굴을 똑바로 보고 있고 싶어요

사랑일기 82일째

2024년 4월 24일

그대가 바라보는 곳마다
꽃이 되어 있어 주고 싶었습니다
잠시라도 그대가 행복할 수 있다면

사랑일기 83일째

2024년 4월 25일

난 착한 사람 좋아하는데
그댄 싸가지가 없는 편이고
난 성실한 사람 좋아하는데
그댄 게으른 편이고
난 배려심 많은 사람 좋아하는데
그댄 욕심이 많은 편이고
난 이해심 많은 사람 좋아하는데
그댄 자기밖에 모르는 이기적이고…
그런데도
그대의 웃음소리에 끌리고
그대의 목소리에 설레고
그대와 함께하고 싶습니다
그대는 거부할 수 없는 나의 운명인가 봅니다
혼자 사랑해야 할 슬픈 운명인가 봅니다

사랑일기 84일째

2024년 4월 26일

그대 손에 물 한 방울도 묻히지 않게 해드릴게요
고무장갑이면 충분하겠죠

사랑일기 85일째

2024년 4월 27일

오늘은 날씨가 정말 좋았어요
그대랑 소풍 가고 싶을 만큼
김밥이랑 치킨 가지고
튤립이 피어있는 수목원으로
그대랑 소풍 가고 싶었어요
소풍 가서 그대 무릎 베고
잠들면 얼마나 좋을까요

오늘은 날씨가 정말 좋았어요
그대 생각하면 모든 게 좋아요
미세먼지가 가득해도 좋고
비가 와도 좋고
우박이 내려도 좋고
내일도 나는 그대 때문에
참 좋을 거예요

사랑일기 86일째

2024년 4월 28일

죽을 때까지 사랑하고 싶다
죽어서도 사랑하고 싶다

사랑일기 87일째

2024년 4월 29일

봄꽃은 시들었지만
그대는 여전히 예뻤다
바람에 날리는 꽃잎보다
그대의 흔들리는 긴 머리카락이 아름다웠으며
붉은 장미꽃보다
그대의 두 볼이
더 붉게 물들어 있었다
그대의 모자 쓴 모습은
푸바오보다 사랑스러웠다

사랑일기 88일째

2024년 4월 30일

돈을 아끼듯
그대를 아껴 드리겠습니다

사랑일기 89일째

2024년 5월 1일

세상 어딜 가도
그대보다 예쁜 사람이 없다
지구는 좋겠다
그대가 살고 있어서
그대가 밟아 줘서
그대가 버리고 떠날 수 없어서

사랑일기 90일째

2024년 5월 2일

내 힘으로는 도저히 감당할 수 없는
그렇게 힘든 순간을 만나게 되더라도
그대가 한 번만 안아준다면
힘내서 웃을 수 있을 거 같아요

그대가 걸어 다니고

밥을 먹고

웃고

숨을 쉬는 것만으로도

그대는 충분히 예뻐요

3부
그대 최선을 다하지 마요
지금도 예뻐요

사랑일기 91일째

2024년 5월 3일

너에게만은
조금도 아끼고 싶지 않았다
부족한 내 사랑이지만
남김없이 모든 걸 내어주고 싶었다

너에게만은
한 번도 아끼고 싶지 않았다
예쁘다 세상에서 제일 예쁘다
그 말 한마디
한 번도 하지 못해서일까
나의 소리 없는 노래가 되었다

사랑일기 92일째

2024년 5월 4일

사람들이 희망을 갖지 말래요
희망하는 일은
이루어지지 않는 경우가 많다고
결국은 상처만 받고 마음만 아프다고

사람들이 그대를 향한 희망을 접으라네요
희망고문일 뿐이라고요
이렇게 행복한 고문이 있을까요
이건 희망이 아니에요
난 내 모든 걸 걸었거든요

사랑일기 93일째

2024년 5월 5일

비가 내린다
그대가 내 얼굴에 떨어지며
차가운 손으로
두 볼을 쓰다듬어 준다
내 마음이 감동해
뜨거운 눈물이 마중을 나온다

비가 내리니
그대가 온다
나는 울컥하여 잘 왔다
한마디를 하지 못했다

그대는 하루 종일 나를 적시고
나는 뜨거운 눈물에
두 볼이 화상을 입었다
하나도 따갑지 않았다

사랑일기 94일째

2024년 5월 6일

다음 생은
달에서 태어나려고요
달에다가 그대 이름 크게 쓰고
사랑한다고 고백하려고요
그대가 올 수 없어
거절할 수 없잖아요

사랑일기 95일째

2024년 5월 7일

좋다
그대를 보니까 참 좋다
좋아서 죽을 것 같다
좋은 일이 있었던 것도 아닌데
특별한 이유가 있는 것도 아닌데
그대를 보니까 그냥 좋다
너무너무 좋다
보는 것만으로도 이렇게 좋은데
사랑받으면 너무 좋아서
심장마비 걸려 죽겠다
심장마비 걸려 죽어도 좋으니
그대 품에 한 번만 안겨봤으면 좋겠다

사랑일기 96일째

2024년 5월 8일

그대를 싫어할까요?
내가 싫어하는 사람은
다 잘되던데요
정말 그럴까요?
그대가 기도하는 것들이
이루어질 수 있도록
그대가 행복해질 수 있도록
내가 그대 싫어할까요?
그대의 행복을 위해서라면
그렇게 할까요?

사랑일기 97일째

2024년 5월 9일

내 마음이 그대를
사랑하지 않게 해달라고 기도했다
그대를 잊게 해달라고 기도했다
하나님이 언제나처럼
기도를 들어주시지 않으셨다
변함없으신 주님
감사합니다 하나님

사랑일기 98일째

2024년 5월 10일

지구가 물체를 끌어당기는 중력보다
더 큰 힘이 존재한다
그대에게 끌려간다 내 마음이
그대가 웃을 때마다
그대의 목소리가 들릴 때마다
내 마음이 작은 저항도 하지 못하고
엄마 목소리에 고개를 돌리는 아이처럼
그대에게 끌려간다
그대 생각이 날 때마다
조금의 망설임도 없이
시공간을 초월하여
그대에게 끌려간다 내 모든 것이
그래서 좋았다
내 힘이나 의지로는 거부할 수 없어서

사랑일기 99일째

2024년 5월 11일

카레는 끓는 물에 3분
삼각김밥은 전자레인지에 20초
내 심장이 뜨거워지는 것은 1초
너를 보면 1초 만에 뜨거워진다

사랑일기 100일째

2024년 5월 12일

난 실망하지 않을 거예요
그대가 내 사랑을 끝까지 몰라줘도
그대를 사랑하게 해줬으니까요
그대가 나를 싫다고 해도
그대를 볼 수 있는 설렘을 줬으니까요

난 절대 실망하지 않을 거예요
이번 생은 주인공이 아니어도
이번 생은 그대의 반쪽이 아니어도
몹시 힘든 날 그대 위로를 받지 못 해도
그대 목소리가 듣고 싶었지만 전화를 못해도
그대와 이 세상 함께 살아가는 것만으로도
참 감사하거든요

* 이 일기는 100일까지만 쓰려고 했었습니다
  이 사랑이 100일이면 끝나겠지 생각했거든요
  첫날 이 일기를 쓰면서 100일이 되는 날
  일기를 끝내려고 했는데
  조금만 더 사랑해도 될까요?

사랑일기 101일째

2024년 5월 13일

오늘 내가 행복해야 할 이유는
한 가지면 충분해요

그대라는 사람이 세상에 살고 있다는 것

사랑일기 102일째

2024년 5월 14일

유럽행 비행기를 타면
행복할 것 같지만
시내버스를 타고
집으로 가는 길이
더 행복할 수도 있어요
그대가 기다리고 있다면

사랑일기 103일째

2024년 5월 15일

어떤 날은
너와 나의 물리적 거리가
3미터쯤 되었다가
어느 순간
30센티가 되었다가
또 어느 날은
손끝이 살짝 닿을 만큼
가까워진 적이 있었다
너는 느끼지 못했겠지만
너와의 거리가 가까워질 때마다
내 심장에는 감당하기 힘든 돌풍이 몰아쳤다

사랑일기 104일째

2024년 5월 16일

그 사람을 대신해서
죽을 자신이 없다면
사랑한다고 쉽게 말하지 마세요
사랑을 쉽게 생각하지 마세요
사랑은 쉬운 일이 아니에요

그래서 그대를 사랑해요
내 목숨과도 바꿀 수 있기에

사랑일기 105일째

2024년 5월 17일

그대가 틈만 나면 핸드폰 거울로
얼굴을 보며 앞머리를 매만진다
나한테 물어보지
예쁘다고 해 줄 텐데
아침에 금방 일어나 부어 있는 얼굴이어도
화장 하나도 안 한 생얼이어도
화내는 얼굴이어도
헝클어진 머리여도
맛있는 거 먹다 얼굴에 묻혔어도
예쁘다 사랑스럽다 해 줄 텐데

사랑일기 106일째

2024년 5월 18일

내가 그대를 사랑한 줄 알았는데
한없이 부족한 저에게
사랑이 찾아와 준 거였어요
아무 생각 없이 살아도 계절이 바뀌듯
그치지 않을 것 같은 비도 멈추듯

사람들이
이 답답하고 미련한 짝사랑을 멈추라고 하는데
계절이 오는 것을 막을 수가 있나요?
내 의지로는 거부할 수 없지요

그대가 다른 사람을 사랑해도
겨울이 지나 봄이 오는 것처럼
겨울에 눈이 내리는 것처럼
사랑이 나한테 찾아올 테니까요
혼자 하는 사랑이 슬프지만은 않아요
내게 찾아온 사랑에게
내가 아끼고 아낀
소중한 마음을 내어줄 거니까요

아무한테도 내어주지 않은

그 비밀스러운 꿈을

사랑일기 107일째

2024년 5월 19일

그대가 바란다면
나는 바다가 되어
그대를 사랑할 거예요
그대가 보러 올 때까지
기다릴 줄 아는

그대가 바란다면
나는 시원한 바람이 되어
그대를 사랑할 거예요
그대가 필요할 때에
다가갈 수 있는

그대가 바란다면
나는 그대 그림자가 되어
그대를 사랑할 거예요
그대가 힘들어 우는 날
함께 숨죽여 울어 줄 수 있는

내 삶의 빛나는 주인공은
그대니까요
나는 그대를 빛나게 해 주는
조연이 되어 드릴래요

사랑일기 108일째

2024년 5월 20일

처음이면 좋겠다
너에게 예쁘다고 한 사람
네가 사랑받고 있다는 걸
느끼게 해 준 첫사랑
그게 나였으면 좋겠다

마지막이면 좋겠다
너를 사랑한 사람
70억 인구 중에
마지막까지 너를 사랑한 사람
그게 나였으면 좋겠다

사랑일기 109일째

                            2024년 5월 21일

그대가 오늘 입은 원피스는
한 잔의 모히토처럼 싱그럽네요
어떤 옷을 입어도
잘 어울리는 그대지만요

그대가 발을 뗄 때마다
원피스 끝단이 왈츠를 추네요
내가 나비였다면
바람에 흔들리는 꽃인 줄 알고 앉았을 텐데요

그대 원피스를 입은 모습
정말 이렇게 예뻐도 되나요
그대가 입으면
어떤 옷도 명품이 되네요

사랑일기 110일째

2024년 5월 22일

아주 오랜만에
아이스아메리카노
한 잔 마셨어요
아메리카노 마시면
잠이 잘 오지 않거든요
오늘 밤에
그대 생각 조금 더
하고 싶어서요
나 잘했죠?
아니라고요?
샷을 추가했어야 했다고요

* 눈 뜨고 있는 모든 순간이 너였다
  눈을 감아도 마찬가지였다

사랑일기 111일째

2024년 5월 23일

제 사랑은 5천 원이에요
사가실래요?
매일 아침 모닝콜 해드립니다
힘드실 때 언제든 연락하실 수 있도록
기다리고 있을게요
매일 밤이면 자장가도 불러드리고요
꿈속에서도 평안하실 수 있도록
기도해 드릴게요
제 사랑 사가실래요?
그런데 아무한테나 안 팔아요
그대라는 사람 딱 한 사람만 살 수 있어요
지정 판매만 되거든요

사랑일기 112일째

2024년 5월 24일

행복한 길이라도
그대가 가지 않으면
멈출 것이며

불행한 길이라도
그대가 가야 한다면
함께 갈 것입니다

사랑일기 113일째

2024년 5월 25일

저랑 하실래요?
그 사랑이란 거
그대와 함께라면 나 잘할 수 있을 거 같은데
그대 아니면 이생에서는 못 할 거 같아서요
세상 그 무엇도 내 시선을 빼앗질 못해요
예쁘다는 꽃도
빛난다는 별도
맛있다는 음식도
멋진 풍경도
내 시선을 빼앗지 못해요
내 시선은 그대에게만 고정되어 있어요

사랑일기 114일째

2024년 5월 26일

그대에게 빠지고 싶다
깊고 깊은 바닥까지 닿고 싶다

너무 깊어
나오지 못해
숨을 쉴 수 없고
죽게 되더라도
그 따스한 곳에
포근하게 잠들고 싶다

사랑일기 115일째

2024년 5월 27일

비가 왔다
정말 많은 비가 왔다
그대가 우산을 쓰고 걸어가고 있었고
나는 뒤에서 한참 동안 바라보고 있었다
한 편의 멜로 드라마였다

사랑일기 116일째

2024년 5월 28일

세상에서 갖고 싶은 것이
그대 하나뿐인데
그것이 정말 어려운 일이네요
다른 것은 욕심내지 않는데도 말입니다

사랑일기 117일째

2024년 5월 29일

그대가 긴 머리를
귀 뒤로 쓸어 올릴 때 알아버렸다
적당히 사랑했어야 했는데
너무 많이 사랑해 버렸다는 것을

사람들이 오늘 하늘이 예쁘다고 하는데
난 그대가 보고 싶었다
언제나 늘
그대만 보고 있고 싶다
하늘은 좋겠다
언제나 그대가
어디서 무얼 하는지
눈치 보지 않고 볼 수 있으니

사랑일기 118일째

2024년 5월 30일

나쁜 놈

그대에게 한번 들어보고 싶다

그댈 싫다고 할까 봐 걱정해서
열 번 넘게 전화 안 받아 속상해서
카톡 보낸 거 읽지 않아 불안해서
그댈 버릴까 봐 잠 못 자서

다음 날 울면서
나에게
나쁜 놈 나쁜 자식 나쁜 새끼

그대에게 꼭 한번 들어보고 싶다

사랑일기 119일째

2024년 5월 31일

5월의 마지막 날

좋았다

설렜다

널 봐서

계절의 여왕인 5월은 가버리지만

그대의 예쁨은 빛나고 있었다

사랑일기 120일째

2024년 6월 1일

그대
최선을 다하지 마요
지금도 예뻐요

사랑일기 121일째

2024년 6월 2일

그대 말이 다 맞아요
그대 생각이 다 옳지요
그대 선택이 다 탁월해요
어떻게 그럴 수 있냐고요
나한테는 그래요
내가 사는 세상에서는 그래요
내 사랑이 그래요

사랑일기 122일째

2024년 6월 3일

그대는 좋겠어요
내일도 그대와 함께할 수 있으니
그대와 헤어질 일이 없으니
그대를 못 보는 날이 없으니
난 하루만 그대를 못 봐도
허전해서 하루가 사라진 것만 같은데
그대는 정말 좋겠어요

사랑일기 123일째

2024년 6월 4일

오늘은
그대를 사랑하기 참 좋은 날이었습니다
하늘은 파랗고
바람은 시원했습니다

아마 내일도 그럴 것입니다
비가 오고
태풍이 불어도
그대를 사랑하기 참 좋은 날이 될 것이기 때문입니다

사랑일기 124일째

2024년 6월 5일

사람이 살아가기 위해 필요한

정말 소중한 것들은 존재감이 없대요

산소가 없으면 숨을 쉴 수 없지만

산소가 존재하는지조차 모르고 살아가듯이요

그대도 숨을 쉬었지만

산소가 있는지 느끼지 못하고 하루를 사셨겠죠

내가 그대를 사랑하는지도

그대는 느끼지 못할 뿐이에요

산소는 그대가 감사하지 않아도

매일 자신의 일에 최선을 다하잖아요

나도 그대가 모르지만

최선을 다해 그대를 사랑하고 기도해요

세상을 살면서

누군가에게 사랑받지 못한다면

불행할 수도 있잖아요

그대는 내가 사랑해 드릴게요

어떤 순간이든 최선을 다해서요

사랑일기 125일째

2024년 6월 6일

생각이 나요 그대가
생각하지 않으려고 노력하는데도
생각이 나요
휴일이라 좀 쉬려고 했는데도
내 마음이 쉴 생각을 안 해요
피곤한데도 좋았어요
그대 생각날 때마다 웃음이 났거든요

사랑일기 126일째

2024년 6월 7일

그대한테
제일 가까운 사람이 되고 싶어요
핸드폰 같은…
어딜 가도 제일 먼저 찾게 되는
아무한테도 보여주지 않는
비밀스러운 모습도 저장하고 다니는
아침에 일어나면 제일 먼저 바라봐 주는
소리가 나면 쳐다봐 주는
혹시라도 꺼질까 봐
매일 충전해 주는
제일 중요한 건
그대 전 재산을 공유하고 있는
그대의 핸드폰이 되고 싶어요

사랑일기 127일째

2024년 6월 8일

힘들면 먹고 싶지도 않고
힘들면 아무도 만나기 싫고
힘들면 어떤 말도 하고 싶지 않잖아요
몸살이 나서 며칠 동안 아팠고
속상한 일이 있었어요
힘들었어요 정말
눈을 뜨는 일조차 하기 싫을 정도로
몸도 마음도 힘들었는데
그때도 그대가 생각났어요
눈을 감고 있었는데도 보이는 그대
힘들어서 아무도 만나기 싫었는데도
그대랑은 만나서 밥을 먹고 싶었어요
밤새도록 통화하며 수다 떨고 싶었어요

사랑일기 128일째

2024년 6월 9일

미운데도
보고 싶다 참 많이
미운데도 정말 미운데도
그대 생각이 그치질 않는다
내 마음이 내 말을 안 들어서
정말 내가 미워 죽겠다

사랑일기 129일째

2024년 6월 10일

겨울에서 살고 있는
눈이 내게 와서 물었다
아직도 누군가를 사랑하고 있느냐고
고개를 끄덕였다
자신이 다시 올 때까지 그 사랑이 계속되었으면
좋겠다고 하고는 녹아버렸다

봄에 살고 있는
벚꽃잎이 내게 찾아와 물었다
누군가를 사랑해서 행복하냐고
고개를 저었다
사랑받지 못해 힘들 때도 있다고
그 힘듦이 자신이 올 때쯤 끝났으면
좋겠다고 하고는 바람에 날아갔다

가을에 사는 노란 은행잎이 오면
'보고 싶다 널 보고 싶다'
라고 너에게 편지 쓰려고 했는데
끝내 오지 않더라

내 마지막 날까지 오지 않을 너의 마음처럼
기다리는 것은 오지 않을 때가 많더라

사랑일기 130일째

2024년 6월 11일

산소입니까 그대는?
없으면 못 살 거 같습니다

물입니까 그대는?
아무리 마셔도 보고 싶은 갈증이 사라지지 않습니다

별입니까 그대는?
아무리 바라보고 다가가도 닿을 수가 없습니다
웃고만 계십니다
반짝이며 웃고만 계십니다

눈 감고 잠들기 전에는 기도를 합니다

제 기도가 되어 버린 님이여

오늘 밤도 잘자요

4부
그댈 위해 기도했으니
오늘 내 할 일은 다 끝났습니다

사랑일기 131일째

2024년 6월 12일

그대에게서 좋은 향기가 났습니다
화장품인가?
향수인가?
샴푸향인가?

그대에게서 좋은 향기가 났습니다
그대에게서만 나는 향기였습니다
이 세상 어디에서도 맡을 수 없는
그대만의 향기였습니다

아세요?
그 향은 저만 맡을 수 있다는 것을요

사랑일기 132일째

2024년 6월 13일

신은 공평해서
한쪽 창문을 닫으면
다른 쪽 창문을 열어주신다고 했다
그대 마음은
하나뿐이어서 다른 창문이 없는데…

사랑일기 133일째

2024년 6월 14일

봄, 여름, 가을, 겨울이
천 번이 지나도
예쁘기만 할 그대

사랑일기 134일째

2024년 6월 15일

그런 사랑을 하고 싶었다
그대가 원하는 일이라면 다 해주는
새벽 3시에 아프다고 전화하면
당직 약국을 찾아가 약을 사다 주는
그대가 제주도에서 파는
우도땅콩 아이스크림이 먹고 싶다고 하면
비행기 타고 제주도에 가서 사다가 주는
그대가 속상하다고 하면
신용카드로 금융치료 해 줄 수 있는
그대가 갖고 싶다고 하면
적금을 깨서라도 사주고야 마는
아주 사소한 것도 그대가 말하면
꼭 기억해 두었다가 챙겨주고 싶은
그대를 365일 감동시켜 주는 사랑을

사랑일기 135일째

2024년 6월 16일

그대는 눈부시지 않아도 돼요
그대는 찬란하지 않아도 돼요
그대가 이 세상에 있다는 것만으로도
충분히 감동적이니까요

사랑일기 136일째

2024년 6월 17일

내가 싫어하는 행동을 하는데도
그대가 밉지가 않았다
조금도
티끌만큼도 밉지 않고
사랑스러웠다
그대가 외계인이라도 사랑할 거다
그대가 귀신이어도 사랑할 거다

사랑일기 137일째

2024년 6월 18일

사랑하는 사람한테 잘해 주세요
아낌없이 최선을 다해서
사랑하는 사람이 행복을 느끼도록
살아가는 것이 고통이 아니라
웃을 일 가득한 나날이라는 것을 알려 주세요

아침이면 해가 떠오르듯이
사랑하는 사람이 눈을 뜨면
그대 생각으로 설레는 하루를 꿈꿀 수 있듯이
잠들기 전 내일의 걱정이 아니라
사랑하는 사람을 떠올리는 것만으로도
웃으며 잠들 수 있도록

난 잠들기 전 그대 사진을 봐요
항상 웃고 있는 그대
내 마음을 다 가지고 가서일까요
그대가 웃고 있는 이유
착각이지만 너무 좋아서 잠이 안 오네요

사랑일기 138일째

2024년 6월 19일

별이 없어도 돼요
그대가 빛나고 있으니까요

꽃이 피지 않아도 돼요
그대가 향기로우니까요

지구가 없어도 돼요
그대 마음에서 살면 되니까요

사랑일기 139일째   2024년 6월 20일

그대가 웃으니까
세상이 행복해 보인다
그 웃음이 나로 인한 것이면
얼마나 좋을까

밤하늘 빛나는 별에게
다가가고 싶어 했던
꿈 많던 어린 소년처럼

세상에서 가장
아름다운 미소를 가진
그대에게
다가가서 안기고 싶다
작은 먼지가 되어서라도

사랑일기 140일째

2024년 6월 21일

전화벨이 울렸다
너의 이름이 뜬다
너무 많은 생각을 하느라
전화를 받지 못했다
너의 목소리가 예쁘다는 걸
너는 모르겠지

사랑일기 141일째

2024년 6월 22일

세상에는 행복한 일이 많다는데
다행히도 나에게는
너를 볼 때 제일 행복하다
그것이 신의 저주라면
죽어서도 풀리지 않았으면 좋겠다

사랑일기 142일째

2024년 6월 23일

어느 하루도
그대를 사랑하지
않을 수 없는 날이 없다

사랑일기 143일째

2024년 6월 24일

행운이 별거인가요
프라이 하려고 계란 깼는데
노른자 쌍알이면 행운인 거죠

행복이 별거인가요
잠들기 전에 그대가 떠올라
웃으며 하루를 마감하면
행복인 거죠

사랑일기 144일째

2024년 6월 25일

허락해 주신다면
죽을 때까지
그대 뒤에서 있을게요
그대 그림자에라도 닿고 싶어서요

사랑일기 145일째

2024년 6월 26일

그댄 모르겠죠
내 핸드폰 비밀번호가
그대 생일이라는 걸…

그댄 모르겠죠
제주도 한라산
영실코스 출입구에 서 있는
어떤 나무에는
내 이름과 그대 이름이
새겨져 있다는 것을
비밀인데
가운데에 하트도 있어요

사실은
남산타워에도 있는데…

사랑일기 146일째

2024년 6월 27일

하나님은 불공평해
어떤 사람은
태어날 때부터
잘생기고, 부자고
키가 큰 유전자를 지니고
먹어도 살 안 찌는 체질로
태어나잖아

내가 제일 부러운 사람은
그대의 이상형으로 태어난 사람
그대 마음속에 자꾸 생각나는 사람
그대가 좋아하는 매력을 가진 사람
그대가 남몰래 안타까워하며 사랑했을 사람
단 1초 만에 그대 마음을 훔쳐갔던 사람

* 그런 사람 있겠죠 그대에게도

사랑일기 147일째

2024년 6월 28일

그대에게
오늘 꼭
해주고 싶은 말이 있었습니다
오늘 참 예쁘네요
밥 먹는 모습이 정말 예쁘네요

사랑일기 148일째

2024년 6월 29일

하루 종일 비가 내립니다
비가 내려도 별이 뜬다는 걸 아시나요
비가 내리는 밤에도
별이 반짝이고 있다는 걸 아시나요
아무도 봐주지 않지만
별은 쉬지 않고 반짝이고 있답니다
아마 별님도 누군가를 몰래 사랑하나 봅니다
그 사람이 언젠가는
자신을 바라봐 줄 거라 믿으며
반짝이는 일을 멈추지 못하나 봅니다
비가 오니까 걱정거리가 하나 늘었습니다
세차게 내리는 장맛비에
그대 가녀린 어깨가 젖지는 않을지
그대 긴 머리에 빗물이 닿아
감기 걸리지는 않을지
내 마음은 쉬지 못하고
그대를 걱정하고 있습니다
비 온다고 어디서 소주 한잔하며
외로워 울고 있는 건 아닐지…
술주정하는 모습도 귀여울 그대

사랑일기 149일째

2024년 6월 30일

비가 와서
그대 생각이 나는 줄 알았다
비가 그쳤는데도
그대 생각이 났다
그대가 생각나서 좋았다
반가웠다
그대가 다른 데 가지 않고
내 생각 속에 있어줘서

사랑일기 150일째

2024년 7월 1일

주변에서 그런다
왜 바보같이 짝사랑을 하냐고
자기들도 다 한 번씩 해봤으면서…
원래 남들 하는 건 한심해 보일 때가 있다

사랑일기 151일째

2024년 7월 2일

살다 보면
행복한 날도 있고
힘든 날도 있고
평범한 보통의 날도 있잖아요
꼭 마라탕 골라 먹는 맛처럼요

그런데 그대는
매일 예쁘기만 하네요
다른 사람들은 그대가 별로라고 하지만
내 눈은 그대에게만 가요
내 심장은 그대 목소리만 들려도 반응해요
생각만 해도 좋아서 설레어요
매운 맛 마라탕을 먹어도 맛있고
순한 맛 마라탕을 먹어도 맛있는 것처럼요

사랑일기 152일째

2024년 7월 3일

소고기를 구워 먹는데
왜 그대 생각이 날까
구운 소고기 한 점에
고추냉이를 올렸는데
왜 그대 얼굴이 아른거릴까
그대 생각하다 소고기가
불판에서 타 버렸는데
왜 그대가 원망스럽지 않고
그대에게 소고기가 사주고 싶은 걸까

사랑일기 153일째

								2024년 7월 4일

그대는 먼지였을까
털어내고 털어내도
자꾸만 쌓이기만 한다

그대는 눈이었을까
치우고 치워도
내 마음에 쌓여만 간다

그대는 한 잔 술이었을까
따라놓은 소주잔을 바라만 보는데도
내 눈물이 취했는지 그대 이름을 부른다

사랑일기 154일째

2024년 7월 5일

내가 그대를 짝사랑하는 것은
순전히 하나님의 실수 때문입니다
하나님이 실수로
그대를 너무 예쁘게 빚어서
이 세상에 보냈기 때문입니다
그것도 내 눈에
가장 예쁘게 보이게
만들었기 때문입니다
하나님의 실수로
내 마음이
죽을 것처럼 아픕니다
책임지세요 하나님
내가 이렇게 매일 기도하는데도
왜 들은 척도 안 하시는 거예요
하나님도 난감하신 거 알아요

사랑일기 155일째

2024년 7월 6일

사람은 외로운 존재라서
무엇인가를 갈망하며 살아간다
강아지나 고양이를 사랑하기도 하고
꽃이나 나무를 사랑하기도 한다

나는 그대가 사랑하는
그 무엇이 되면 좋겠다는 생각을 해 본다
강아지여도 좋고
꽃이어도 좋고
치킨이어도 좋다
강아지면 매일 입맞춤을 해야지
꽃이라면 그대가 향기를 맡으러 다가오게 해야지
치킨이라면 늦게 배달돼서 애태워야지
치킨무를 빠트려서 다시 가져다주겠다고
더 간절히 애태워야지

사랑일기 156일째

2024년 7월 7일

오늘부터 나는
나를 조금 더 사랑해 주기로 했어요
지치지 말고
포기하지 말고
그대를 더 사랑하기 위해서

사랑일기 157일째

2024년 7월 8일

보고 싶어도
볼 수 없는 사람이 있습니다
사랑하고 싶어도
사랑해선 안 될 사람이 있습니다
그래서 신은
그리움이라는 단어를
선물해 준 것 같습니다
오늘은 그대가 무척이나 그립습니다
하루 종일 그리웠는데도
그리움이 밤을 새울 모양인가 봅니다

사랑일기 158일째

2024년 7월 9일

화가 나서 참을 수가 없다

하늘이 그대의 예쁨을 시샘하여

장마를 핑계 삼아

쉬지 않고 비를 내린다

그대의 어깨를 적시고

그대가 우산을 쓰게 하여

그대의 예쁨을

내가 보지 못하게 가린다

하지만

우산에 가린 그대 얼굴도

보이지는 않았지만 참 예뻤다

* 2024년도 7월에는 비가 참 많이 내렸습니다
  출퇴근길에 건너는 유등교가 무너질뻔한 날

사랑일기 159일째

2024년 7월 10일

괜찮아요 그대
내가 그대에게 버려진대도
그대의 사랑을 받지 못한다고 할지라도
그대가 내가 사랑한
마지막 사랑일 수도 있으니까요
그거면 충분해요

사랑일기 160일째

2024년 7월 11일

하루에 그대를 86,400번 생각해요
1초마다 한 번씩 그대 생각이 찾아와요
그대는 나에게 전부인가 봐요
그냥 전부가 아니라
나를 걱정해야 할 만큼
전부가 되어 버렸어요

사랑일기 161일째

2024년 7월 12일

사람들이
짝사랑해서 힘들겠다고 하는데
정말 힘든 일은
그대를 사랑하지 않는 일이에요
그것보다 힘든 일은 없어요

사랑일기 162일째

2024년 7월 13일

세상을 잠깐 멈출 수 있으면 좋겠다
웃고 있는 너의 모습
마음 들킬까봐
조심스레 훔쳐봐야 하는 그 모습
잠시라도 실컷 볼 수 있도록

사랑일기 163일째

                                                2024년 7월 14일

오늘이 무슨 날인지 아세요?
그대에게 반한 날

사랑일기 164일째

2024년 7월 15일

복날
비록 삼계탕은 못 먹었지만
그대만 보면 웃음이 나니
그대만 보면 행복하니
그대를 볼 수 있는 것이 나에게 축복이다
매일이 축복이다
세상 그 무엇보다 큰 축복이다
그런데 눈물이 나는 건
축복의 무게가 너무 커서
마음이 아파해서일까
복날 그대에게
치킨과 맥주
사주고 싶다
치킨은 두 마리…

사랑일기 165일째

2024년 7월 16일

그대를 만나서
이번 생은 망이네

희망이네

사랑일기 166일째

2024년 7월 17일

그대는 성질이 못돼서
내가 고백하면
쌀쌀맞게 거절할 테고
싸가지도 없어서
보나마나 나를 개무시하고
사람 취급도 안 할 거예요
그렇게 재수 없게 당해도
그대가 좋아지고
더 사랑하게 될까 봐
그게 두려워요
버림받아도
더 좋아질 것만 같아요
울 엄마가 알면 얼마나 속상해하실까

사랑일기 167일째

2024년 7월 18일

아무리 생각해 봐도
요즘 날씨가 변덕스러운 건
기후변화 때문이 아니라
순전히 그대 때문인 것 같습니다
어제는 그대가 기분이 좋아 보였는데
오늘은 기분이 별로인지 뾰로통하게 있고
별거 아닌 일에 화를 내다가도
맛있는 거 먹으면 웃고
갑자기 무표정한 얼굴로 싸해집니다
종잡을 수 없는 것이
그대랑 요즘 날씨가 너무 닮았습니다
그대의 변덕스러움도
사랑스러운 걸 보면
이제 걱정해야 할 만큼
내 마음이 병에 걸린 것 같습니다
약도 없는데 큰일입니다

사랑일기 168일째

2024년 7월 19일

언젠가는 너에게
세상에서 가장 아름다운 것을 주고 싶었다
한 계절이 지나가고
열두 장의 달력이 넘어가고
몇 번의 성탄절이 지나갔어도

산에 가보고 바다에 가봐도
하늘을 바라보고
세상 여기저기를 수없이 둘러봐도
세상에서 가장 아름다운 것은 너였다
내 눈에 가장 아름다운 것은 너밖에 없었다

사랑일기 169일째

2024년 7월 20일

풀벌레 소리 들리고
바람이 살짝 불어주는 여름밤

별이 반짝이는
어느 시골 평상에서
그대 무릎 베고 잠들고 싶다
그대가 머리를 쓰다듬어 주며
'자장 자장' 해주면 얼마나 좋을까
열 밤은 깨지 않고 잘 수 있을 텐데

사랑일기 170일째

2024년 7월 21일

내 소원은
그대랑 사진 한번 찍는 거예요
찍어 주실래요?

가족사진인데

사랑일기 171일째

2024년 7월 22일

내 일생 주어지는 행운을
한 가지만 선택할 수 있다면
매일 너에게
'잘 잤니?'
'오늘 하루도 잘 지냈지?'
'오늘도 잘자!'라고 하며
살아갈 수 있는 삶
그 외에 뭔가 더 바란다는 건
욕심이 많은 것일 테니까

사랑일기 172일째

                                        2024년 7월 23일

보면 볼수록 예쁜 사람이 있고
보자마자 예쁜 사람이 있어
너는
생각만 해도 예쁜 사람

사랑일기 173일째

2024년 7월 24일

그대 마음속에
내 흔적이 남아 있을 수 있다면
북두칠성의 여섯 번째 별인 미자르처럼
당신의 마음속에
첫 번째가 되는 욕심은 버리겠습니다
매일은 아니어도
가끔은 아니어도
비 오는 날 한 번쯤은
비 오는 것을 좋아하는 나를 생각하는 마음이
그대 마음속에 작게라도 있다면 말입니다
흔적이라도 남아 있다면 말입니다

사랑일기 174일째

2024년 7월 25일

십 년쯤 지나
그대를 사랑하냐고 물으면
아직도 그렇다고

삼십 년쯤 지나
지금도 그대를 사랑하냐고 물으면
아직도 주저 없이 그렇다고

내가 죽어 어딘가에 묻히게 되었을 때
누군가 찾아와 그대를 지금도 사랑하냐고 물으면
무덤가에 핀 이름 없는 풀꽃 되어
바람 불 때마다 고개를 끄덕이며
아직도 그대를 사랑하고 있다고
아직도 그대를 정말 사랑하고 있다고

사랑일기 175일째

2024년 7월 26일

그대를 위해 존재하는
작은 무엇이라도 되고 싶다
핸드백 속에 갇혀 살아야 하는
손거울이라도 좋으니

그대와 함께할 수 있으니
얼마나 좋을까

사랑일기 176일째

2024년 7월 27일

사랑하는 사람에게
꽃을 선물하는 것은
지금은 내 사랑이
이토록 아름답고 향기롭지만
시간이 지나면
이 사랑도 질 거라는 고백입니다

시간이 지나 꽃이 지면
꽃을 선물받은 어떤 사람은
마른 꽃이 보기 싫다며 버리지만
어떤 사람은
마른 꽃도 예쁘다며
벽에 오래도록 걸어 놓을 것입니다

그대는 내게 오래도록 사랑스러울 것입니다

사랑일기 177일째

2024년 7월 28일

내가 그대를 얼마큼 사랑하는지
그대는 모릅니다
짐작도 하지 못하실 만큼
사무치게 사랑하고 있다는 걸
그대를 모를 뿐만 아니라
관심도 없으십니다
아…
그래서 나는
그대를 더 사랑하게 되나 봅니다

사랑일기 178일째

2024년 7월 29일

아!
오늘
파란 하늘도 예쁘고
하얀 구름도 예쁘고
푸른 나무도 예쁘고
붉은 꽃들도 예쁘다
그런데
그대가 없다면
그것들이
다 무슨 소용일까

사랑일기 179일째

2024년 7월 30일

흔한 일이 아니에요
내가 사랑하는 일
저 아무나 사랑하지 않거든요

사랑일기 180일째

2024년 7월 31일

그댈 위해 기도했으니
오늘 내 할 일은 다 끝났습니다